AF175678

Impressum
Verlag: BABADADA GmbH, Nedderfeld 112 , 22529 Hamburg
Geschäftsführer / Verlagsleitung: Harald Hof
Druck: Books on Demand GmbH, In de Tarpen 42, 22848 Norderstedt

Imprint
Publisher: BABADADA GmbH, Nedderfeld 112 , 22529 Hamburg, Germany
Managing Director / Publishing direction: Harald Hof
Print: Books on Demand GmbH, In de Tarpen 42, 22848 Norderstedt

sekolah

el colegio

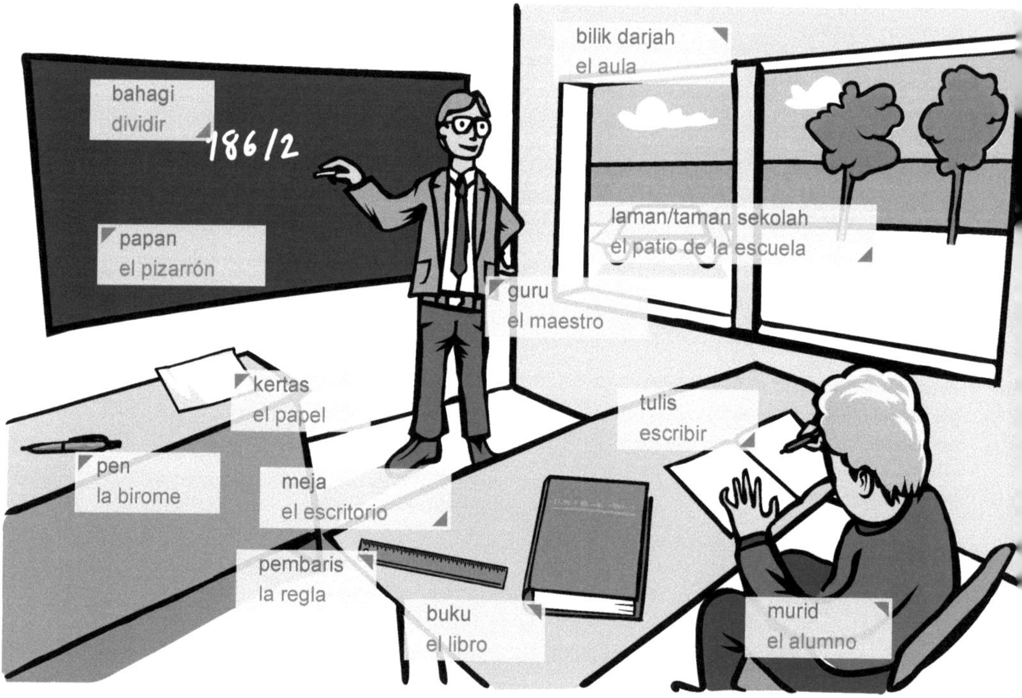

bilik darjah
el aula
bahagi
dividir
186/2
papan
el pizarrón
laman/taman sekolah
el patio de la escuela
guru
el maestro
kertas
el papel
tulis
escribir
pen
la birome
meja
el escritorio
pembaris
la regla
buku
el libro
murid
el alumno

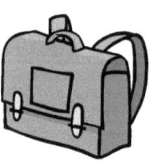

beg galas

la mochila

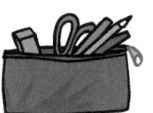

kotak pensel

la caja de lápices

pensel

el lápiz

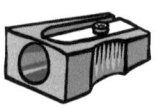

pengasah pensel

el sacapuntas

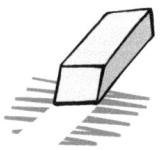

pemadam

la goma (de borrar)

kertas lukisan

el bloc de dibujo

melukis

el dibujo

berus lukis

el pincel

kotak warna

la caja de pinturas

gunting

la tijera

gam

el pegamento

buku latihan

el cuaderno de ejercicios

kerja rumah

la tarea

nombor

el número

tambah

sumar

tolak

restar

darab

multiplicar

kira

calcular

huruf

la letra

abjad

el abecedario

kata

la palabra

teks

el texto

baca

leer

kapur

la tiza

pelajaran

la lección

daftar

el cuaderno de clase

peperiksaan

el examen

sijil

el certificado

uniform sekolah

el uniforme escolar

pendidikan

la educación

ensiklopedia

la enciclopedia

universiti

la universidad

mikroskop

el microscopio

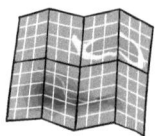

peta

el mapa

bakul sampah

el tacho (de basura)

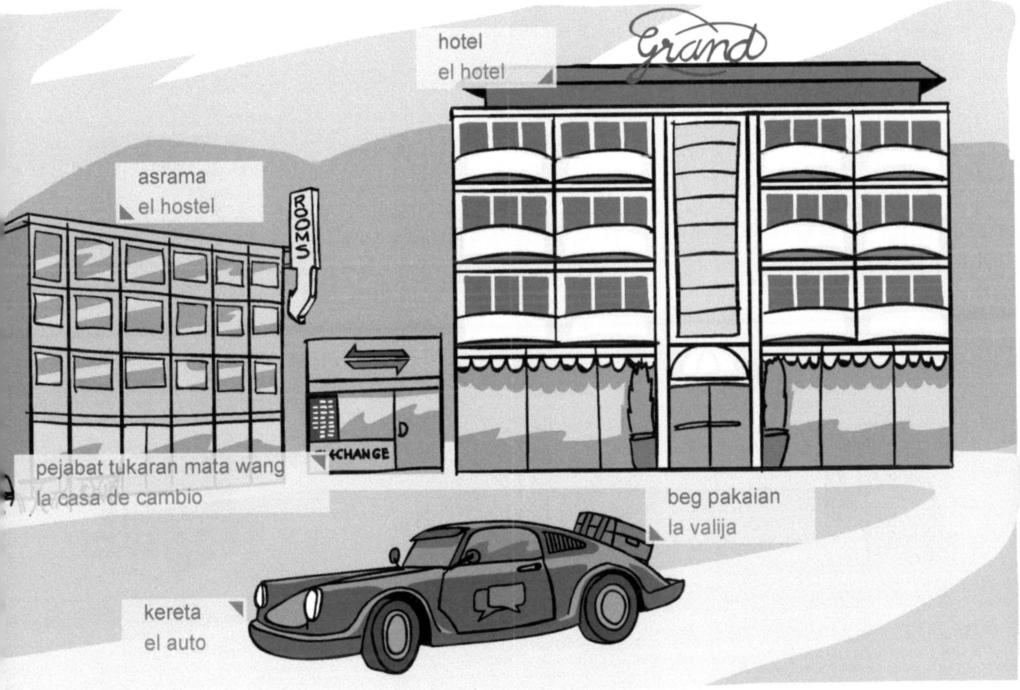

hotel
el hotel
Grand
asrama
el hostel
ROOMS
pejabat tukaran mata wang
la casa de cambio
beg pakaian
la valija
kereta
el auto

bahasa

el idioma

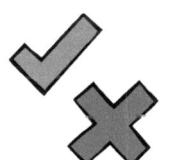

ya / tidak

sí / no

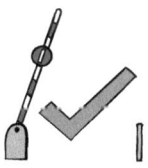

okey

Está bien

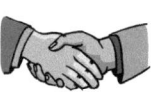

helo

hola

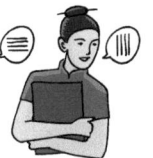

penterjemah

el traductor

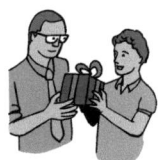

Terima kasih

Gracias

berapa banyak...?

¿cuánto cuesta...?

saya tidak faham

No entiendo

masalah

el problema

Selamat petang!

¡Buenas tardes!

Selamat Pagi!

¡Buenos días!

Selamat Malam!

¡Buenas noches!

selamat tinggal

el adiós

arah

la dirección

bagasi

el equipaje

beg

el bolso

beg galas

la mochila

tetamu

el invitado

bilik tidur

la habitación

beg tidur

la bolsa de dormir

khemah

la carpa

maklumat pelancong

la información turística

pantai

la playa

kad kredit

la tarjeta de crédito

sarapan

el desayuno

makan tengah hari

el almuerzo

makan malam

la cena

tiket

el pasaje

lif

el ascensor

setem

el sello

sempadan

la frontera

kastam

la aduana

kedutaan

la embajada

visa

la visa

pasport

el pasaporte

pengangkutan
el transporte

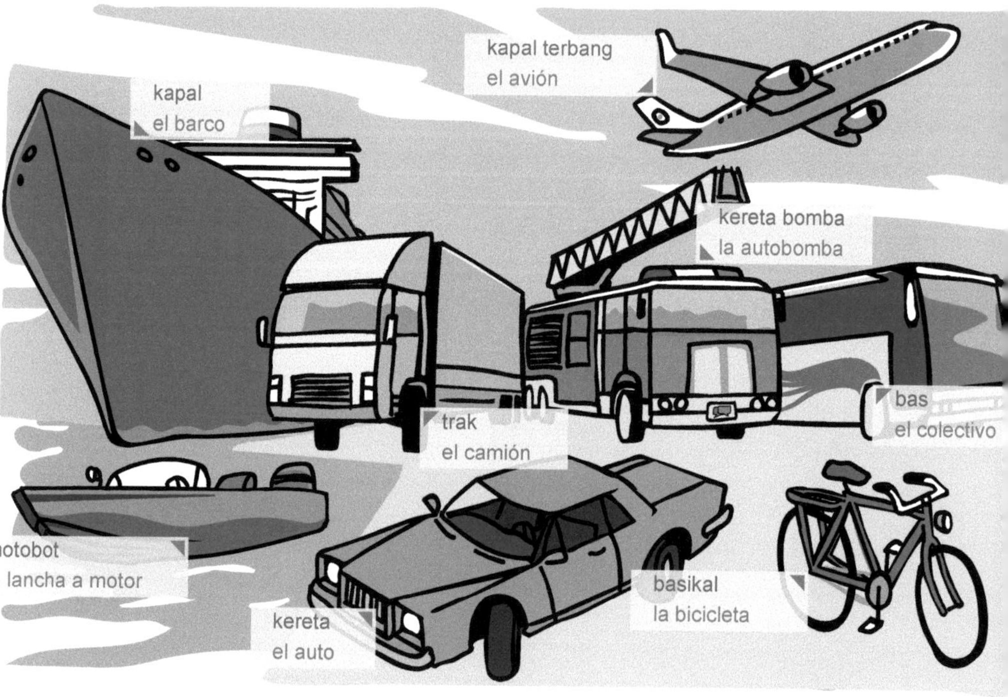
kapal terbang
el avión
kapal
el barco
kereta bomba
la autobomba
bas
el colectivo
trak
el camión
motobot
la lancha a motor
basikal
la bicicleta
kereta
el auto

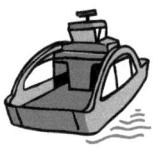

feri
el ferry

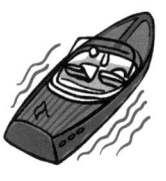

bot
el bote

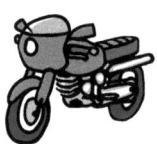

motosikal
la moto

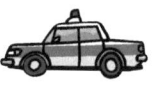

kereta polis
el patrullero

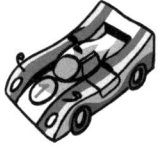

kereta lumba
el auto de carreras

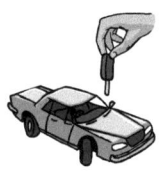

kereta sewa
el auto de alquiler

berkongsi kereta

el alquiler de autos

trak tunda

la grúa

trak menolak

el camión de la basura

motor

el motor

bahan api

la nafta

stesen minyak

la estación de servicio

tanda trafik

la señal de tránsito

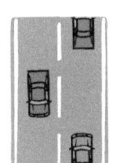

trafik

el tránsito

kesesakan lalu lintas

el embotellamiento

tempat parkir

el estacionamiento

stesen kereta api

la estación de tren

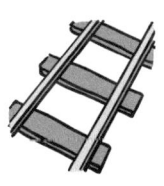

trek

las vías

kereta api

el tren

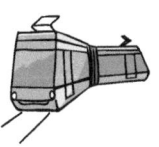

trem

el tranvía

gerabak

el vagón

helikopter

el helicóptero

lapangan terbang

el aeropuerto

Menara

la torre

penumpang

el pasajero

bekas

el contenedor

kadbod

la caja de cartón

kart

la carretilla

bakul

la canasta

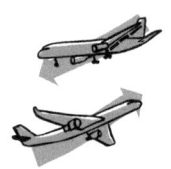

berlepas / mendarat

despegar / aterrizar

bandar
la ciudad

kampung

el pueblo

pusat bandar

el centro de la ciudad

rumah

la casa

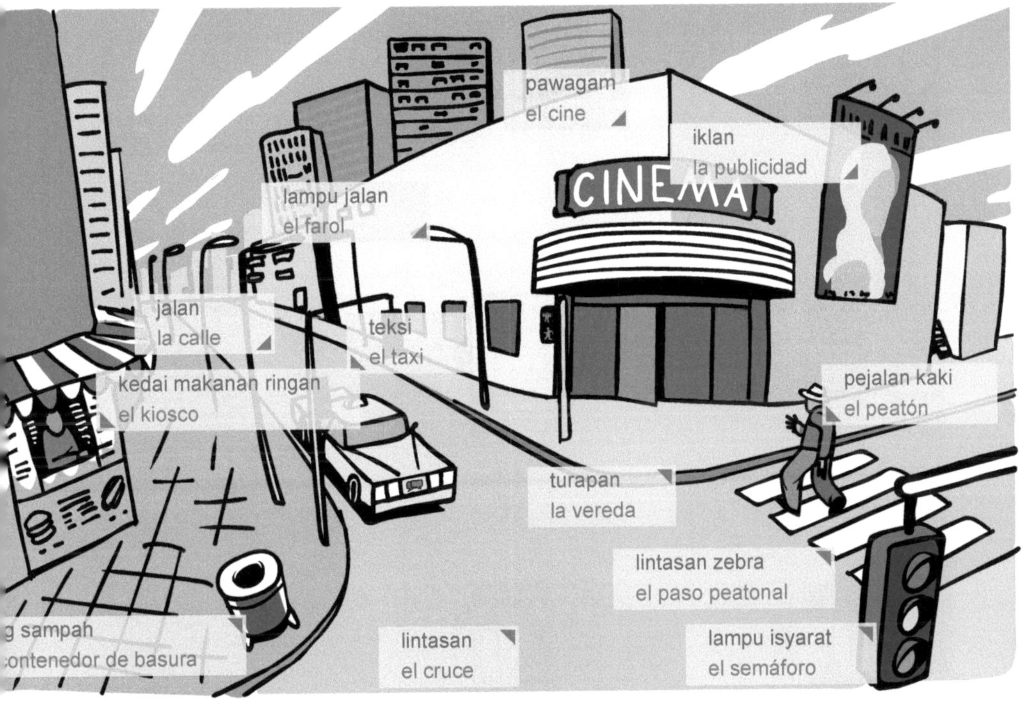
pawagam
el cine
iklan
la publicidad
CINEMA
lampu jalan
el farol
jalan
la calle
teksi
el taxi
kedai makanan ringan
el kiosco
pejalan kaki
el peatón
turapan
la vereda
lintasan zebra
el paso peatonal
g sampah
:ontenedor de basura
lintasan
el cruce
lampu isyarat
el semáforo

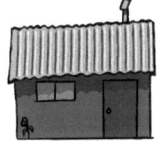

pondok

la cabaña

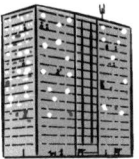

flat

el departamento

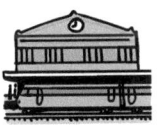

stesen kereta api

la estación de tren

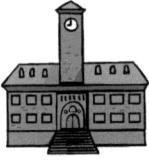

dewan bandar

la municipalidad

MUSEUM

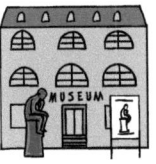

muzium

el museo

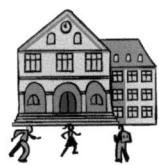

sekolah

el colegio

universiti

la universidad

bank

el banco

hospital

el hospital

hotel

el hotel

farmasi

la farmacia

pejabat

la oficina

kedai buku

la librería

kedai

el negocio

kedai bunga

la florería

pasar raya

el supermercado

pasaran

el mercado

gedung

las grandes tiendas

penjual ikan

la pescadería

pusat membeli-belah

el centro comercial

pelabuhan

el puerto

bandar - la ciudad

taman

el parque

bangku

el banco

jambatan

el puente

tangga

las escaleras

bawah tanah

el subte

terowong

el túnel

hentian bas

la parada del colectivo

bar

el bar

restoran

el restaurante

peti surat

el buzón

papan tanda jalan

el letrero

meter parkir

el parquímetro

zoo

el zoológico

kolam renang

la pileta

masjid

la mezquita

ladang
la granja

pencemaran
la contaminación

tanah perkuburan
el cementerio

gereja
la iglesia

taman permainan
los juegos infantiles

kuil
el templo

landskap
el paisaje

daun
la hoja

tiang tanda
el poste indicador

jalan
el camino

padang rumput
la pradera

batu
la piedra

pokok
el árbol

pejalan kaki
el excursionista

sungai
el río

rumput
la hierba

bunga
la flor

lembah

el valle

bukit

la montaña

tasik

el lago

hutan

el bosque

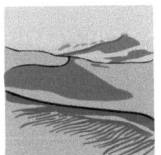

padang pasir

el desierto

gunung berapi

el volcán

istana

el castillo

pelangi

el arco iris

cendawan

el champiñón

pokok kelapa sawit

la palmera

nyamuk

el mosquito

terbang

la mosca

semut

la hormiga

lebah

la abeja

labah-labah

la araña

kumbang

el escarabajo

katak

la rana

tupai

la ardilla

landak

el erizo

arnab

la liebre

burung hantu

la lechuza

burung

el pájaro

angsa

el cisne

babi jantan

el jabalí

rusa

el ciervo

moose

el alce

empangan

la presa

turbin angin

el aerogenerador

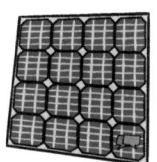

panel solar

el panel solar

iklim

el clima

restoran
el restaurante

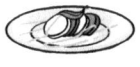

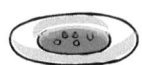

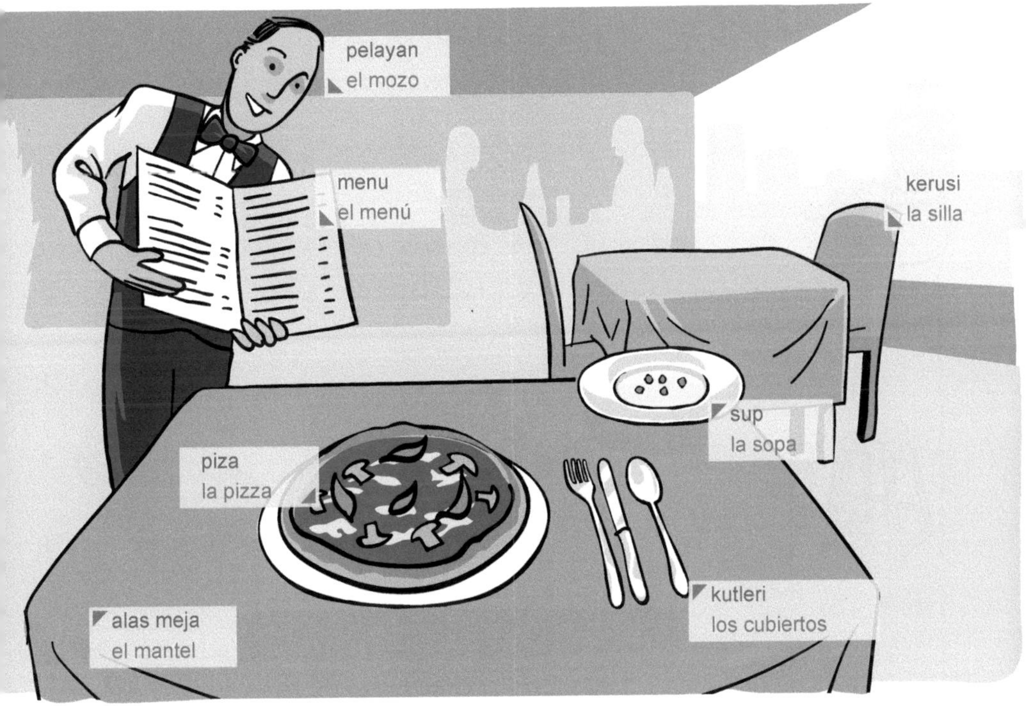
pelayan
el mozo
menu
el menú
kerusi
la silla
sup
la sopa
piza
la pizza
kutleri
los cubiertos
alas meja
el mantel

pemula
la entrada

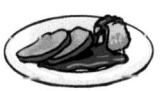

hidangan utama
el plato principal

pencuci mulut
el postre

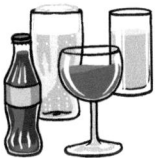

minuman
las bebidas

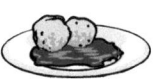

makanan
la comida

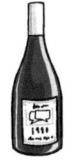

botol
la botella

makanan segera

la comida rápida

makanan jalanan

la comida callejera

teko

la tetera

mangkuk gula

la azucarera

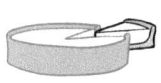

bahagian

la porción

mesin espreso

la cafetera expreso

kerusi tinggi

la sillita alta

bil

la cuenta

dulang

la bandeja

pisau

el cuchillo

garfu

el tenedor

sudu

la cuchara

sudu teh

la cucharita

serviette

la servilleta

gelas

el vaso

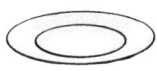

pinggan

el plato

mangkuk sup

el plato hondo

piring

el plato

sos

la salsa

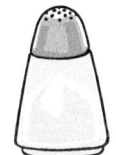

tempat garam

el salero

pengisar lada

el molinillo de pimienta

cuka

el vinagre

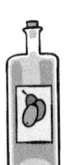

minyak

el aceite

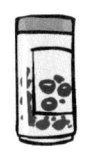

rempah

las especias

sos

el kétchup

mustard

la mostaza

mayones

la mayonesa

pasar raya
el supermercado

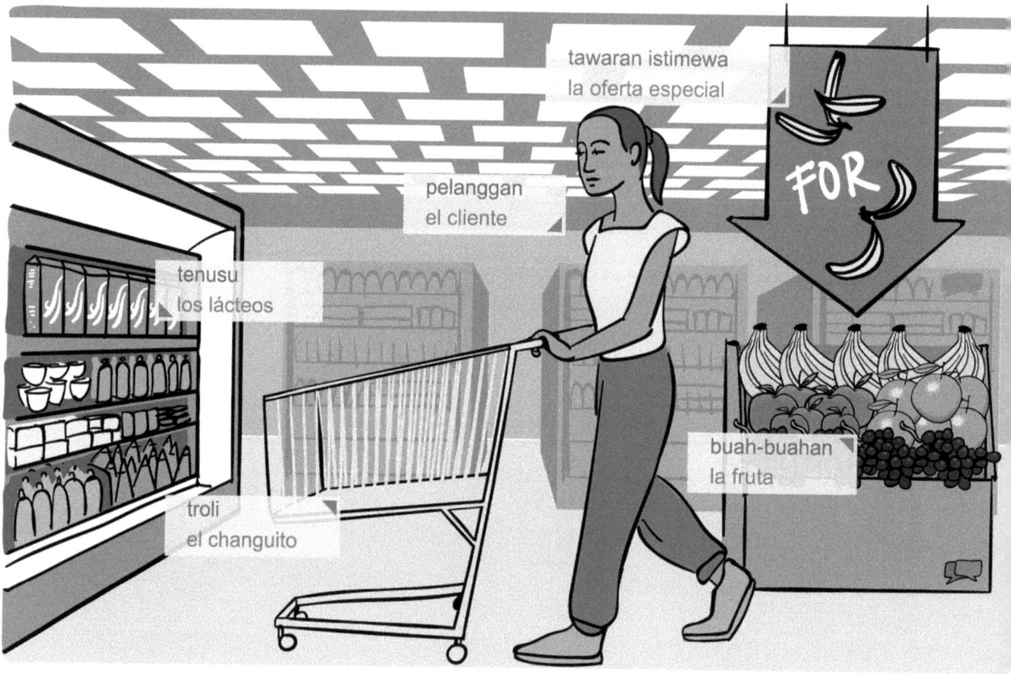

tawaran istimewa
la oferta especial
pelanggan
el cliente
tenusu
los lácteos
buah-buahan
la fruta
troli
el changuito
FOR

BUTCHERS

tukang daging

la carnicería

BAKERY

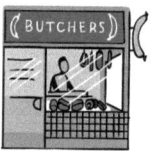

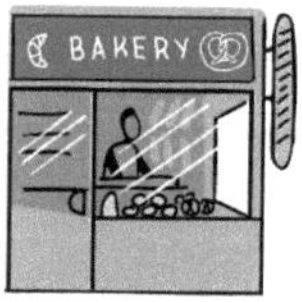

kedai roti

la panadería

berat

pesar

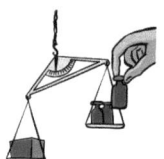

sayur-sayuran

las verduras

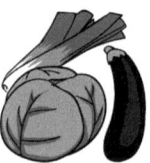

daging

la carne

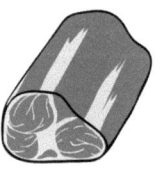

makanan sejuk beku

los alimentos congelados

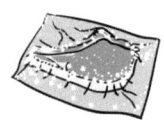

daging sejuk
los fiambres

makanan dalam tin
los alimentos enlatados

serbuk pencuci
el detergente en polvo

gula-gula
las golosinas

produk isi rumah
los electrodomésticos

produk pembersihan
los productos de limpieza

orang jualan
la vendedora

daftar tunai
la caja

juruwang
el cajero

senarai membeli-belah
la lista de compras

waktu pembukaan
el horario de atención

beg duit
la billetera

kad kredit
la tarjeta de crédito

beg
la cartera

beg plastik
la bolsa de plástico

las bebidas

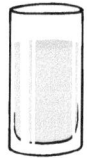

air
....
el agua

jus
....
el jugo

susu
....
la leche

kola
....
la bebida cola

wain
....
el vino

bir
....
la cerveza

alkohol
....
el alcohol

koko
....
el cacao

the
....
el té

kopi
....
el café

espreso
....
el café expreso

kapucino
....
el cappuccino

pisang

la banana

epal

la manzana

oren

la naranja

tembikai

el melón

lemon

el limón

lobak merah

la zanahoria

bawang putih

el ajo

buluh

el bambú

bawang

la cebolla

cendawan

el champiñón

kacang

las nueces

mi

los fideos

spageti

los tallarines

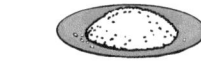

nasi

el arroz

salad

la ensalada

kerepek

las papas fritas

kentang goreng

las papas fritas

piza

la pizza

hamburger

la hamburguesa

sandwic

el sándwich

kutlet

el churrasco

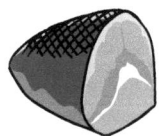

ham

el jamón

salami

el salame

sosej

la salchicha

ayam

el pollo

panggang

el asado

ikan

el pescado

bubur oat

los copos de avena

muesli

el muesli

emping jagung

los copos de maíz

tepung

la harina

kroisan

la medialuna

roti roll

el pancito

roti

el pan

roti bakar

la tostada

biskut

las galletitas

mentega

la manteca

dadih

la cuajada

kek

la torta

telur

el huevo

telur goreng

el huevo frito

keju

el queso

ais krim

el helado

gula

el azúcar

madu

la miel

jem

la mermelada

krim nougat

la pasta de chocolate

kari

el curry

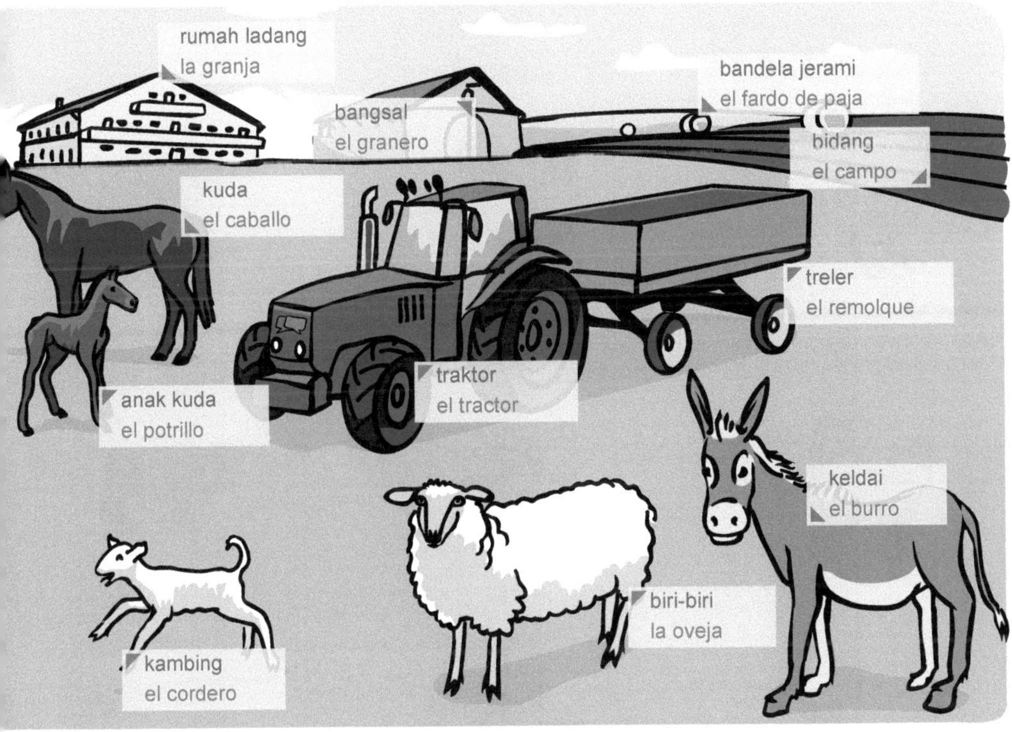

rumah ladang
la granja

bangsal
el granero

bandela jerami
el fardo de paja

bidang
el campo

kuda
el caballo

treler
el remolque

anak kuda
el potrillo

traktor
el tractor

keldai
el burro

biri-biri
la oveja

kambing
el cordero

kambing

la cabra

lembu

la vaca

anak lembu

el ternero

babi

el cerdo

anak babi

el lechón

lembu

el toro

angsa

el ganso

itik

el pato

anak ayam

el pollo

ayam betina

la gallina

ayam jantan muda

el gallo

tikus

la rata

kucing

el gato

tikus

el ratón

lembu jantan

el buey

anjing

el perro

rumah anjing

la cucha

hos taman

la manguera

bekas siraman

la regadera

sabit

la guadaña

bajak

el arado

sabit

la hoz

cangkul

la azada

serampang peladang

la horquilla

kapak

el hacha

kereta sorong

la carretilla

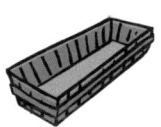

palung

el abrevadero

tin susu

la lechera

karung

la bolsa

pagar

la reja

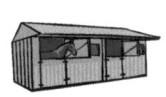

stabil

el establo

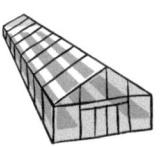

rumah hijau

el invernadero

tanah

el suelo

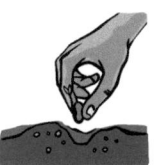

benih

la semilla

baja

el fertilizador

jentuai

la cosechadora

tuai
cosechar

menuai
la cosecha

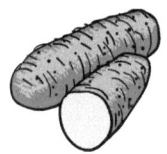

keladi
las batatas

gandum
el trigo

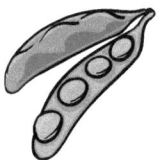

soya
la soja

kentang
la papa

jagung
el maíz

biji sawi
la semilla de colza

pokok buah-buahan
el árbol frutal

ubi kayu
la mandioca

bijirin
los cereales

ladang - la granja

rumah
la casa

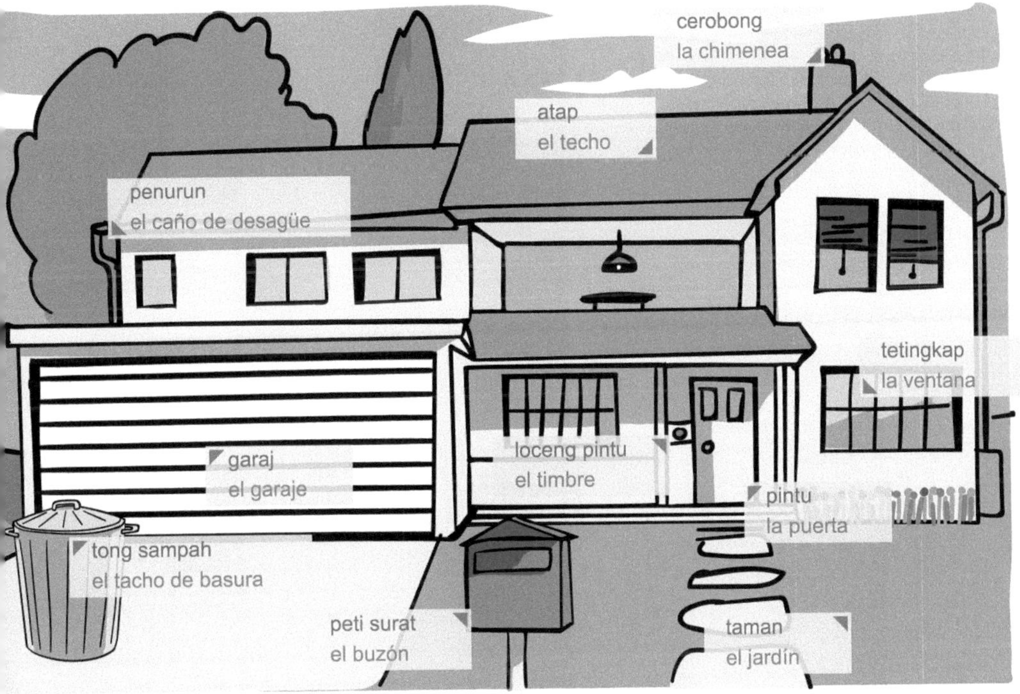

cerobong
la chimenea
atap
el techo
penurun
el caño de desagüe
tetingkap
la ventana
garaj
el garaje
loceng pintu
el timbre
pintu
la puerta
tong sampah
el tacho de basura
peti surat
el buzón
taman
el jardín

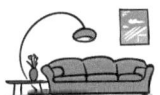

ruang tamu

el living

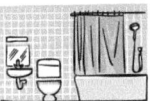

bilik air

el baño

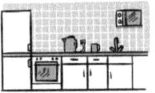

dapur

la cocina

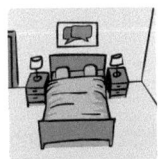

bilik tidur

el dormitorio

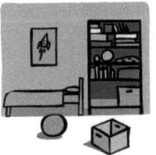

bilik kanak-kanak

el cuarto de los chicos

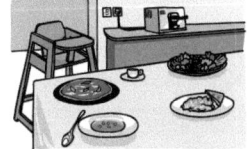

ruang makan

el comedor

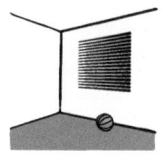

lantai

el piso

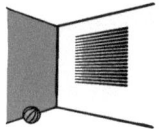

dinding

la pared

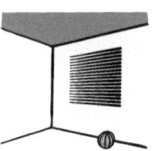

siling

el cielorraso

bilik bawah tanah

el sótano

sauna

el sauna

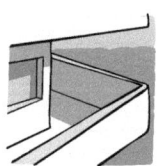

balkoni

el balcón

teres

la terraza

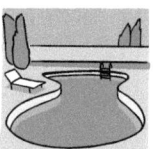

kolam renang

la pileta

pemotong rumput

la cortadora de pasto

lembaran

la sábana

penutup tilam

el acolchado

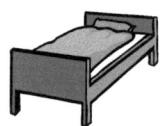

katil

la cama

penyapu

la escoba

timba

el balde

suis

el interruptor

rumah - la casa

ruang tamu
el living

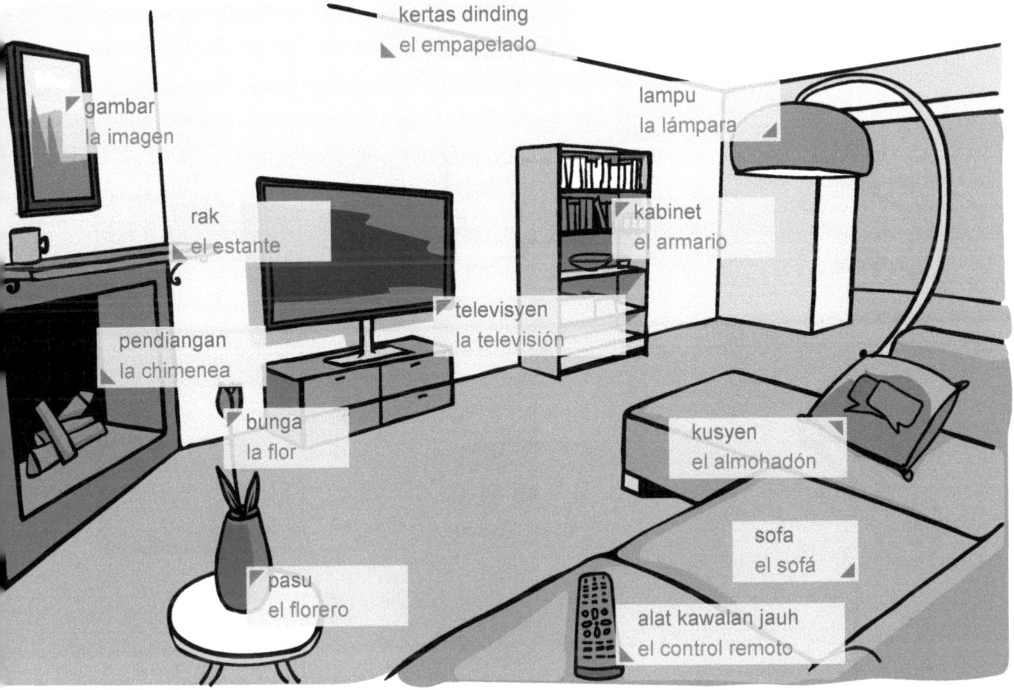
kertas dinding
el empapelado
gambar
la imagen
lampu
la lámpara
rak
el estante
kabinet
el armario
televisyen
la televisión
pendiangan
la chimenea
bunga
la flor
kusyen
el almohadón
sofa
el sofá
pasu
el florero
alat kawalan jauh
el control remoto

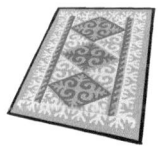

permaidani

la alfombra

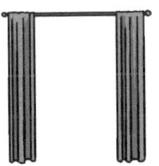

tirai

la cortina

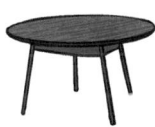

meja

la mesa

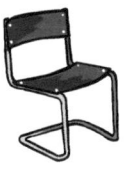

kerusi

la silla

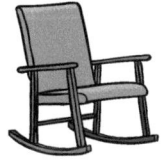

kerusi malas

la mecedora

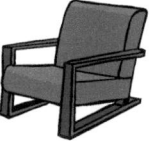

kerusi

el sillón

buku

el libro

selimut

la frazada

hiasan

la decoración

kayu api

la leña

filem

la película

hi-fi

el equipo de música

kunci

la llave

akhbar

el diario

lukisan

la pintura

poster

el póster

radio

la radio

buku catatan

el cuaderno

penyedut habuk

la aspiradora

kaktus

el cactus

lilin

la vela

ruang tamu - el living

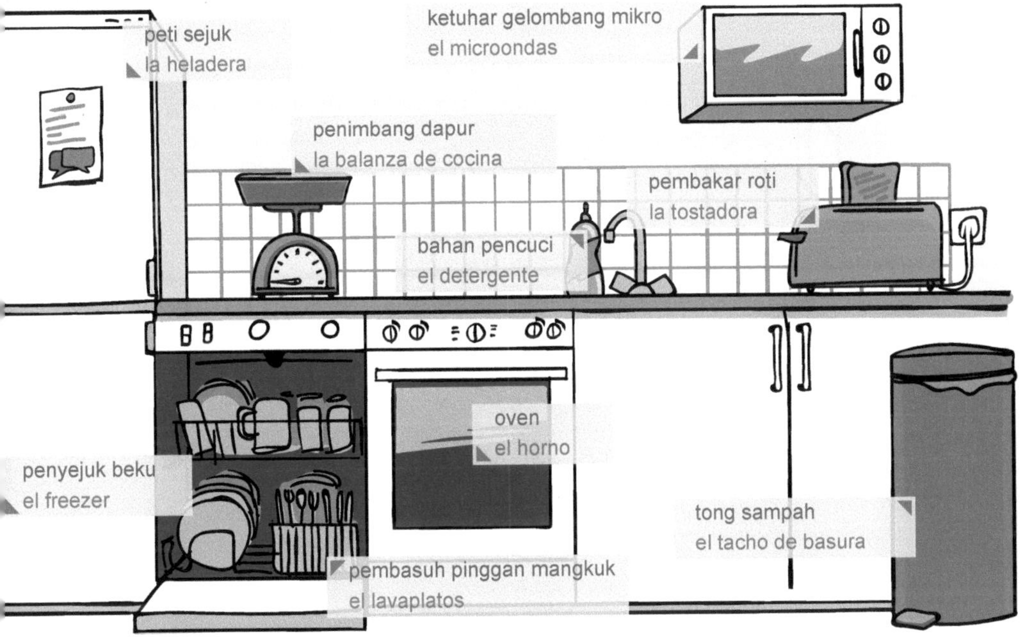

peti sejuk
la heladera

ketuhar gelombang mikro
el microondas

penimbang dapur
la balanza de cocina

pembakar roti
la tostadora

bahan pencuci
el detergente

penyejuk beku
el freezer

oven
el horno

tong sampah
el tacho de basura

pembasuh pinggan mangkuk
el lavaplatos

periuk dapur	periuk	periuk besi
la cocina	la olla	la olla de hierro fundido
kuali	pan	cerek
el wok	la sartén	la pava

pengukus

la vaporera

dulang pembakar

la bandeja de horno

pinggan mangkuk

la vajilla

koleh

la taza

mangkuk

el bol

penyepit

los palitos

senduk

el cucharón

spatula

la espátula

pengadun

la batidora

penapis

el colador

ayak

el colador

pemarut

el rallador

mortar

el mortero

barbeku

la parrilla

pembakaran terbuka

la fogata

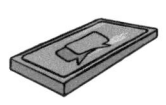

papan pencincang

la tabla de picar

pin golekan

el palo de amasar

skru gabus

el sacacorchos

tin

la lata

pembuka tin

el abrelatas

pemegang periuk

la manopla

sinki

la pileta

berus

el cepillo

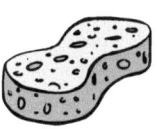

span

la esponja

pengisar

la batidora

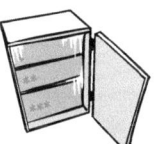

penyejuk beku

el congelador

botol bayi

la mamadera

paip

la canilla

dapur - la cocina

bilik air

el baño

pemanasan
la calefacción
mandi
la ducha
tuala
la toalla
tirai mandi
la cortina de la ducha
mandi buih
el baño de espuma
tab mandi
la bañadera
gelas
el vaso
mesin basuh
el lavarropas
paip
la canilla
jubin
las baldosas
tandas
la pelela
sinki
la pileta

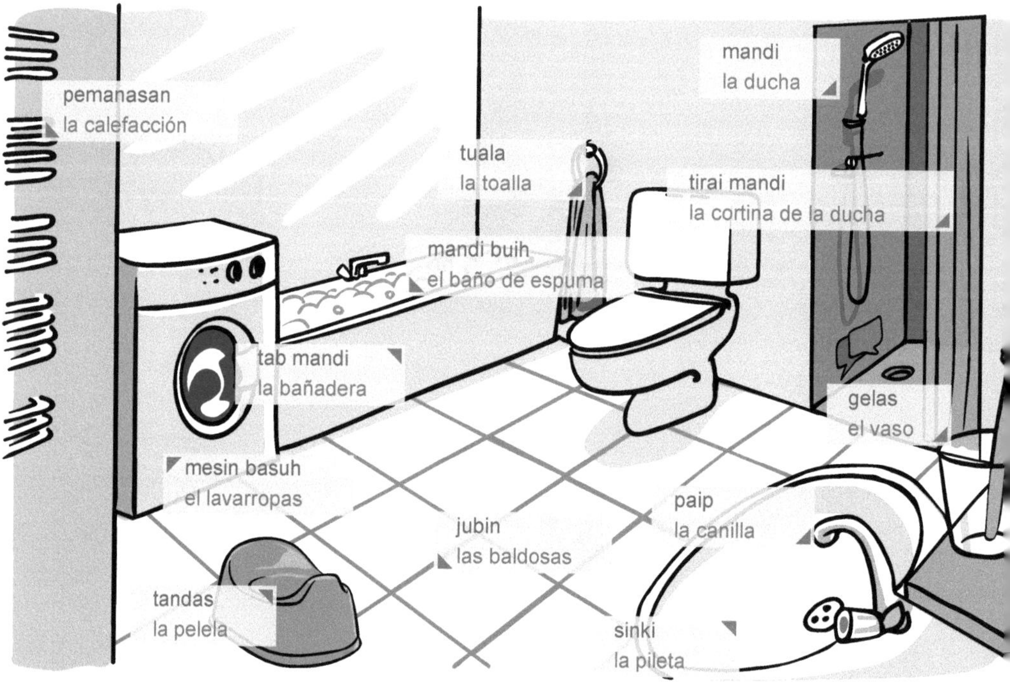

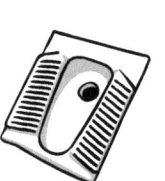

tandas

el inodoro

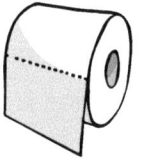

tandas mencangkung

la letrina

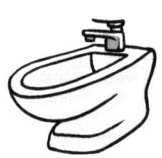

mangkuk tandas

el bidé

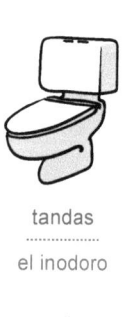

tandas awam

el mingitorio

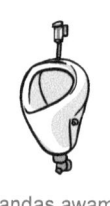

kertas tandas

el papel higiénico

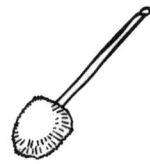

berus tandas

el cepillo para el inodoro

berus gigi

el cepillo de dientes

ubat gigi

el dentífrico

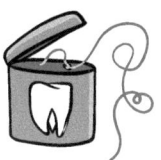

flos gigi

el hilo dental

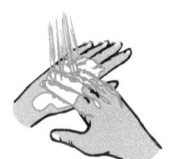

cuci

lavar

mandian tangan

la ducha de mano

pancuran

la ducha higiénica

besen

la palangana

belakang berus

el cepillo para la espalda

sabun

el jabón

gel mandian

el gel de ducha

syampu

el shampoo

flanel

la toallita

longkang

el desagüe

krim

la crema

deodoran

el desodorante

cermin

el espejo

cermin tangan

el espejito

pisau cukur

la maquinita de afeitar

busa cukur

la espuma de afeitar

selepas cukur

el aftershave

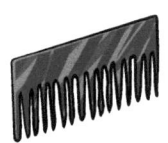

sikat

el peine

berus

el cepillo

pengering rambut

el secador de pelo

semburan rambut

el spray

mekap

el maquillaje

gincu

el lápiz de labios

varnis kuku

el esmalte para uñas

bulu kapas

el algodón

gunting kuku

la tijera para uñas

pewangi

el perfume

beg basuhan

el portacosméticos

bangku

la banqueta

skala berat

la balanza

jubah mandi

la bata

sarung tangan getah

los guantes de goma

kapas

el tampón

tuala wanita

la toallita femenina

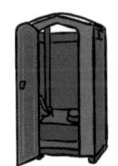

tandas kimia

el baño químico

bilik kanak-kanak

el cuarto de los chicos

jam loceng
el despertador
mainan kegemaran
el peluche
kereta mainan
el coche de juguete
kerincing bayi
el sonajero
rumah anak patung
la casa de muñecas
hadiah
el regalo

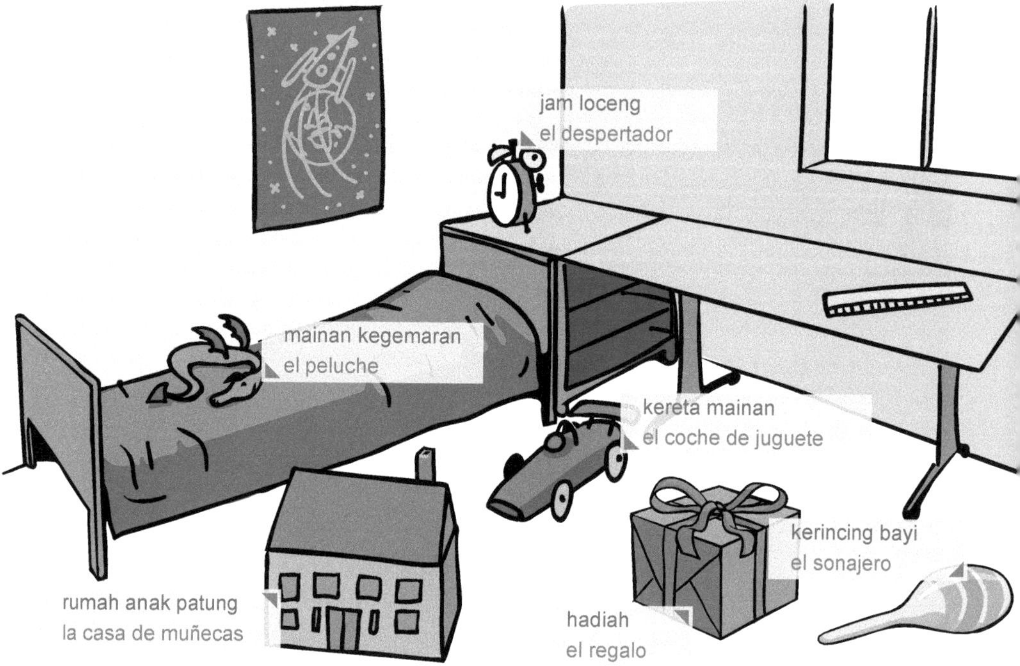

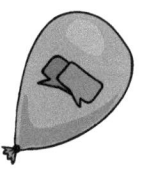

belon

el globo

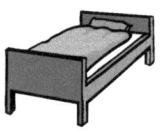

katil

la cama

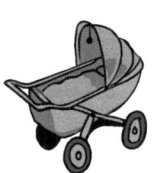

kereta sorong bayi

el cochecito

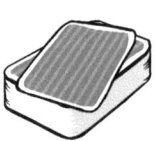

set kad

las cartas

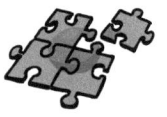

susun suai gambar

el rompecabezas

SUPER
MEGA

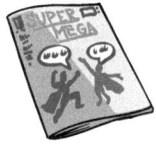

komik

la historieta

batu bata lego

las piezas de lego

blok mainan

los ladrillos de juguete

figura aksi

la figura de acción

baju bayi

el enterito (de bebé)

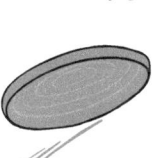

frisbee

el frisbee

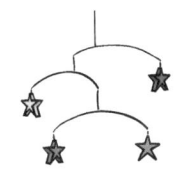

mainan bayi mudah alih

el móvil para bebés

permainan papan

el juego de mesa

dadu

los dados

set model kereta api

el tren eléctrico

palsu

el chupete

parti

la fiesta

buku bergambar

el libro de cuentos ilustrado

bola

la pelota

anak patung

la muñeca

main

jugar

lubang pasir

el arenero

buai

la hamaca

mainan

los juguetes

konsol permainan video

la consola de videojuegos

basikal roda tiga

el triciclo

anak patung beruang

el osito de peluche

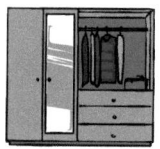

almari pakaian

el armario

pakaian

la ropa

stoking

las medias

stoking

las medias panty

ketat

las calzas

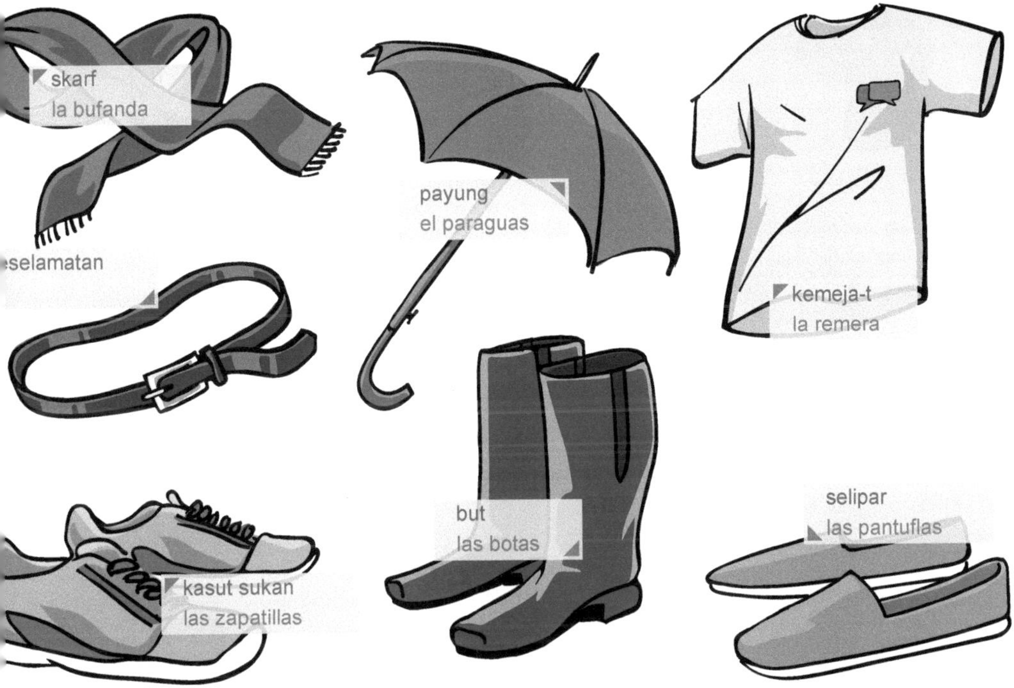

skarf
la bufanda

payung
el paraguas

kemeja-t
la remera

selamatan

but
las botas

selipar
las pantuflas

kasut sukan
las zapatillas

sandal
las sandalias

kasut
los zapatos

but getah
las botas de goma

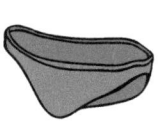

seluar dalam
la ropa interior

coli
el corpiño

ves
el chaleco

badan

el body

Seluar panjang

los pantalones

jean

los jeans

skirt

la pollera

blaus

la blusa

kemeja

la camisa

baju panas sarung

el pulóver

sweater

el buzo

blazer

el blazer

jaket

la campera

kot

el tapado

baju hujan

el piloto

kostum

el traje

pakaian

el vestido

baju pengantin

el vestido de novia

pakaian - la ropa

sut
el traje

baju tidur
el camisón

baju tidur
el pijama

sari
el sari

skarf kepala
el pañuelo para la cabeza

serban
el turbante

burqa
la burka

kaftan
el caftán

abaya/jubah
la abaya

baju renang
el traje de baño

seluar renang
el short de baño

seluar pendek
los shorts

sut balapan
el jogging

apron
el delantal

sarung tangan
los guantes

pakaian - la ropa

butang

el botón

cermin mata

los anteojos

gelang tangan

la pulsera

rantai leher

el collar

cincin

el anillo

subang

el aro

topi

la gorra

penyangkut kot

la percha

topi

el sombrero

tali leher

la corbata

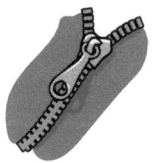

zip

el cierre

topi keledar

el casco

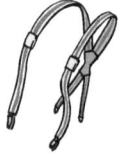

pendakap

los tiradores

uniform sekolah

el uniforme escolar

seragam

el uniforme

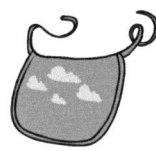

lapik dada

el babero

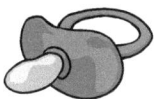

palsu

el chupete

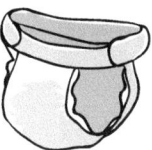

lampin

el pañal

pejabat

la oficina

pelayan
el servidor
kabinet fail
el archivero
mesin pencetak
la impresora
monitor
el monitor
kertas
el papel
tetikus
el mouse
meja
el escritorio
folder
la carpeta
papan kekunci
el teclado
kerusi
la silla
bakul sampah
el tacho (de basura)
komputer
la computadora

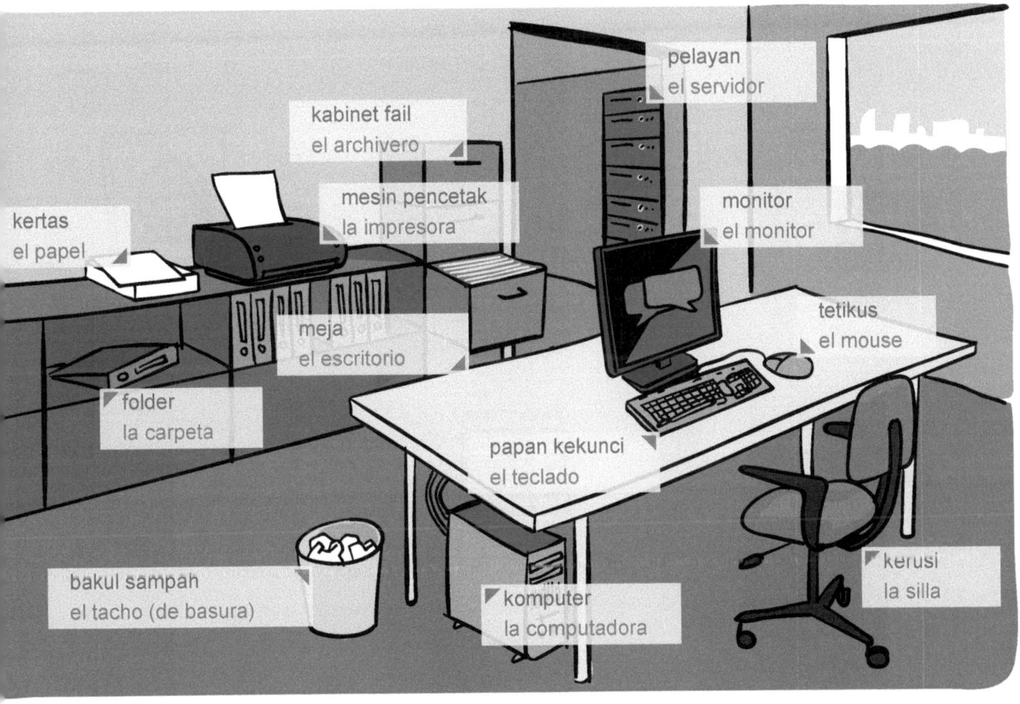

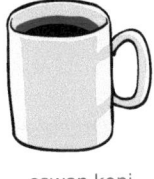

cawan kopi

la taza de café

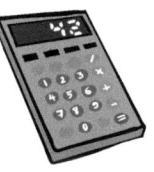

kalkulator

la calculadora

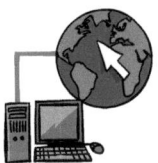

internet

el internet

komputer riba
la laptop

surat
la carta

mesej
el mensaje

mudah alih
el celular

rangkaian
la red

mesin fotokopi
la fotocopiadora

perisian
el software

telefon
el teléfono

soket plag
el tomacorriente

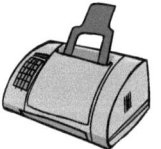

mesin faks
el fax

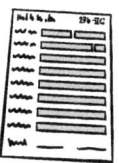

bentuk
el formulario

dokumen
el documento

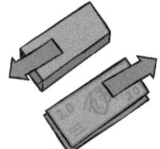

beli

comprar

bayar

pagar

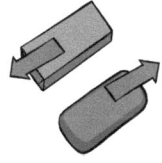

berdagang

hacer negocios

wang

el dinero

dolar

el dólar

euro

el euro

yen

el yen

rubel

el rublo

franc swiss

el franco suizo

renminbi yuan

el yuan

rupee

la rupia

mata tunai

el cajero automático

pejabat tukaran mata wang

la casa de cambio

emas

el oro

perak

la plata

minyak

el petróleo

tenaga

la energía

harga

el precio

kontrak

el contrato

cukai

el impuesto

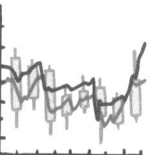

stok

la acción

kerja

trabajar

pekerja

el empleado

majikan

el empleador

kilang

la fábrica

kedai

el negocio

ekonomi - la economía

pegawai polis
el policía

ahli bomba
el bombero

tukang masak
el cocinero

doktor
el médico

juruterbang
el piloto

tukang kebun
el jardinero

tukang kayu
el carpintero

tukang jahit
la modista

hakim
el juez

ahli kimia
el farmacéutico

pelakon
el actor

pemandu bas

el colectivero

pemandu teksi

el taxista

nelayan

el pescador

wanita pencuci

la mucama

kasau

el techista

pelayan

el mozo

pemburu

el cazador

pelukis

el pintor

bakeri

el panadero

juruelektrik

el electricista

pembangun

el albañil

jurutera

el ingeniero

penjual daging

el carnicero

tukang paip

el plomero

posmen

el cartero

askar

el soldado

arkitek

el arquitecto

juruwang

el cajero

kedai bunga

el florista

pendandan rambut

el peluquero

konduktor

el cobrador

mekanik

el mecánico

kapten

el capitán

doktor gigi

el dentista

ahli sains

el científico

tuhanku

el rabino

imam

el imán

sami

el monje

paderi

el sacerdote

alat
las herramientas

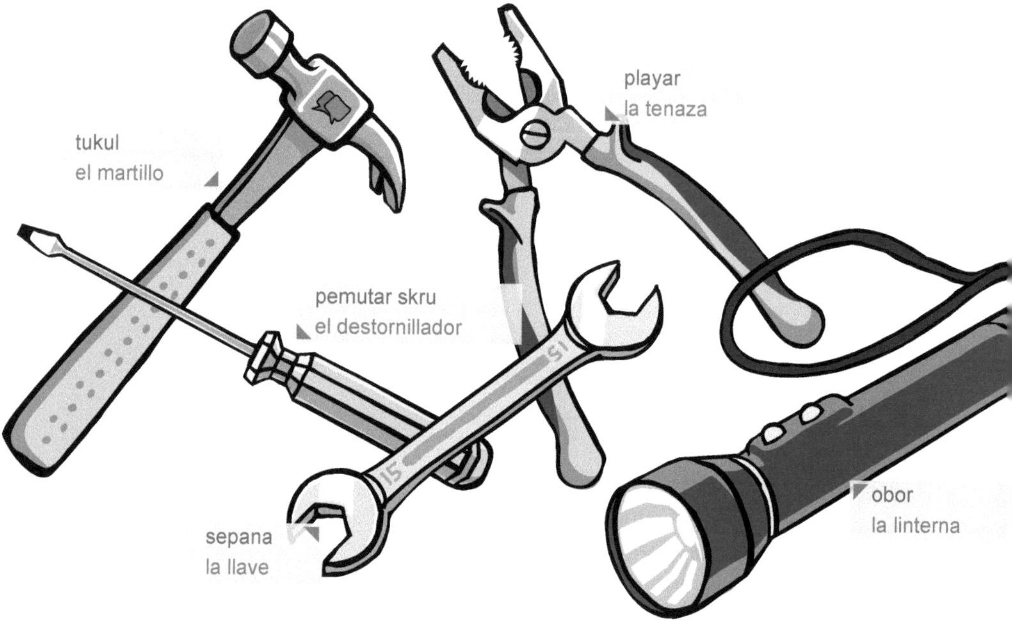
tukul
el martillo
playar
la tenaza
pemutar skru
el destornillador
sepana
la llave
obor
la linterna

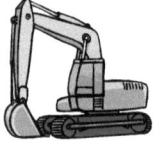

pengorek
la excavadora

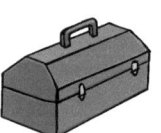

kotak peralatan
la caja de herramientas

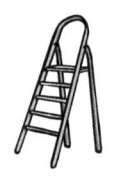

tangga
la escalera portátil

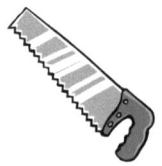

gergaji
la sierra

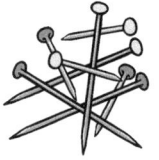

kuku
los clavos

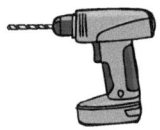

gerudi
el taladro

baiki

arreglar

penyodok

la pala de jardín

Celaka!

¡Qué bronca!

penadah sampah

la pala de plástico

periuk cat

el tacho de pintura

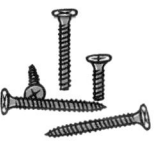

skru

los tornillos

alat muzik
los instrumentos musicales

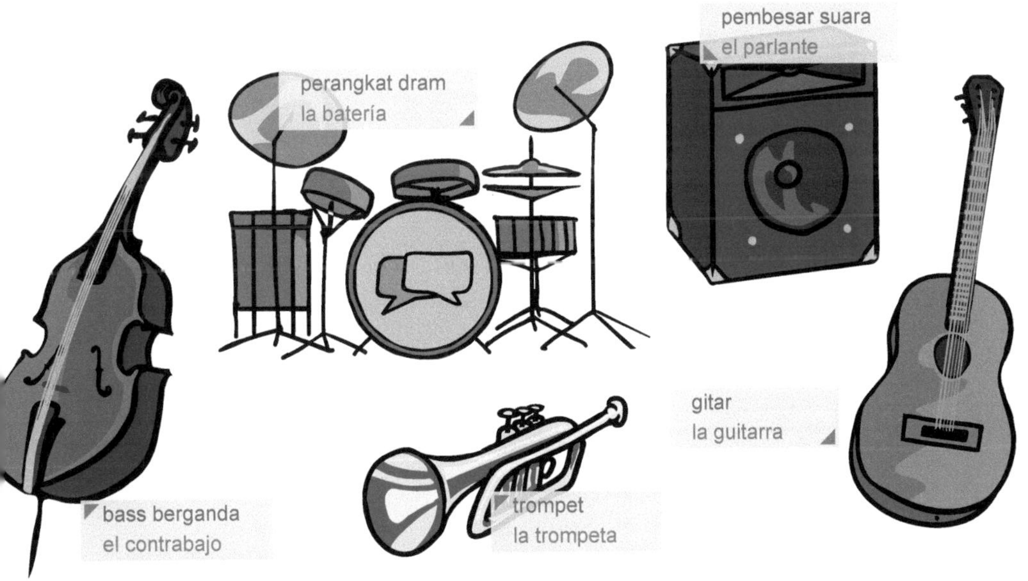

perangkat dram
la batería

pembesar suara
el parlante

gitar
la guitarra

bass berganda
el contrabajo

trompet
la trompeta

piano

el piano

biola

el violín

bass

el bajo

timpani

los timbales

dram

el tambor

papan kekunci

el teclado

saksofon

el saxofón

seruling

la flauta

mikrofon

el micrófono

alat muzik - los instrumentos musicales

zoo

el zoológico

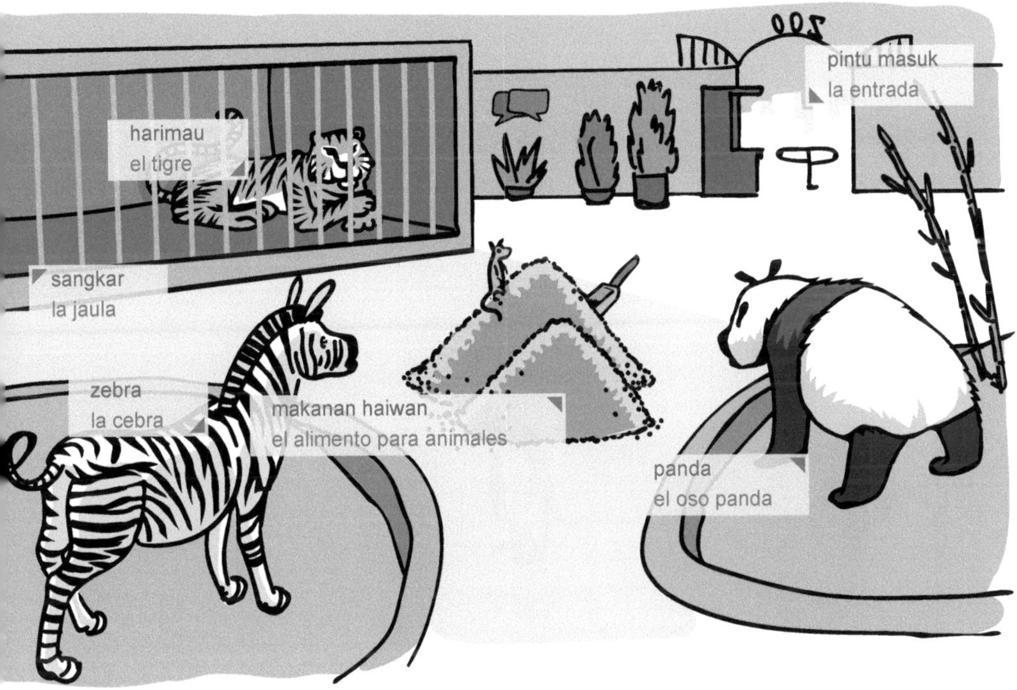

zoo
pintu masuk
la entrada
harimau
el tigre
sangkar
la jaula
zebra
la cebra
makanan haiwan
el alimento para animales
panda
el oso panda

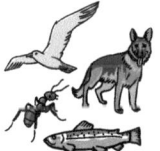

haiwan

los animales

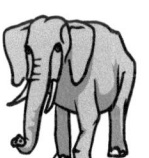

gajah

el elefante

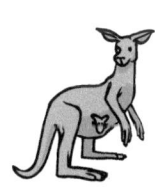

kanggaru

el canguro

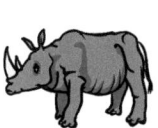

badak sumbu

el rinoceronte

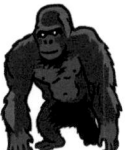

gorila

el gorila

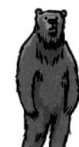

beruang

el oso

unta
el camello

burung unta
el avestruz

singa
el león

monyet
el mono

flamingo
el flamenco

nuri
el loro

beruang kutub
el oso polar

penguin
el pingüino

yu
el tiburón

merak
el pavo real

ular
la serpiente

buaya
el cocodrilo

penjaga zoo
el cuidador del zoológico

anjing laut
la foca

jaguar
el jaguar

kuda

el poni

harimau

el leopardo

badak air

el hipopótamo

zirafah

la jirafa

helang

el águila

babi jantan

el jabalí

ikan

el pescado

penyu

la tortuga

anjing laut

la morsa

musang

el zorro

rusa

la gacela

bola sepak Amerika
el fútbol americano

berbasikal
el ciclismo

tenis
el tenis

bola keranjang
el básquet

renang
la natación

hoki ais
el hockey sobre hielo

tinju
el boxeo

bola sepak
el fútbol

badminton
el bádminton

olahraga
el atletismo

bola baling
el handball

ski
el esquí

polo
el polo

aktiviti
las actividades

lompat
saltar
peluk
abrazar
ketawa
reír
berjalan
caminar
menyanyi
cantar
mimpi
soñar
berdoa
rezar
cium
besar

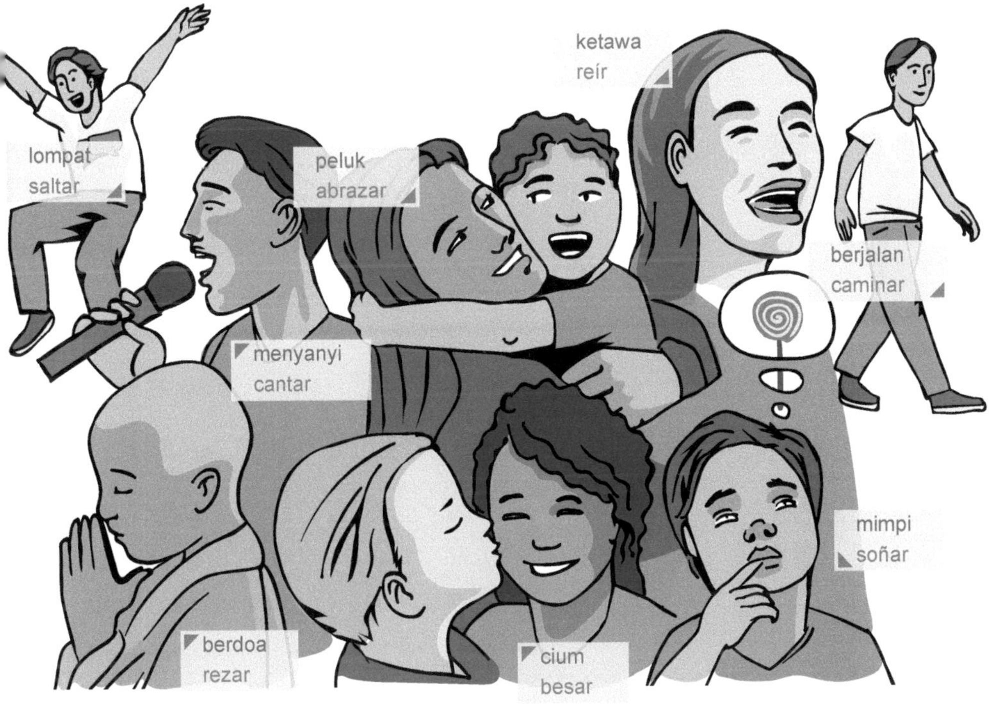

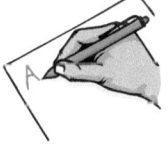

tulis
escribir

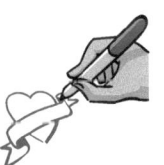

lukis
dibujar

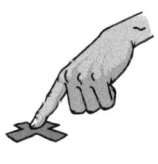

tunjuk
mostrar

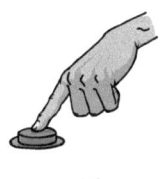

tolak
presionar

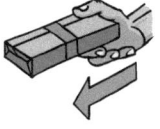

beri
dar

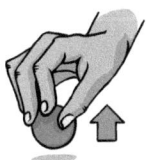

ambil
tomar

ada
....
tener

buat
....
hacer

ialah
....
ser

berdiri
....
estar parado

lari
....
correr

tarik
....
tirar

buang
....
tirar

jatuh
....
caer

tipu
....
estar acostado

tunggu
....
esperar

bawa
....
llevar

duduk
....
estar sentado

pakai
....
vestirse

tidur
....
dormir

bangkit
....
despertar

lihat pada

mirar

menangis

llorar

strok

acariciar

sikat

peinar

cakap

hablar

faham

entender

tanya

preguntar

dengar

escuchar

minum

beber

makan

comer

mengemas

ordenar

sayang

amar

masak

cocinar

pandu

manejar

terbang

volar

belayar
navegar

kira
calcular

baca
leer

belajar
aprender

kerja
trabajar

nikah
casarse

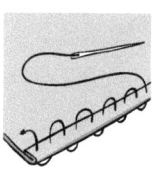

jahit
coser

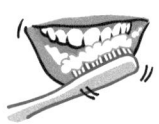

memberus gigi
cepillarse los dientes

bunuh
matar

asap
fumar

hantar
enviar

aktiviti - las actividades

keluarga
la familia

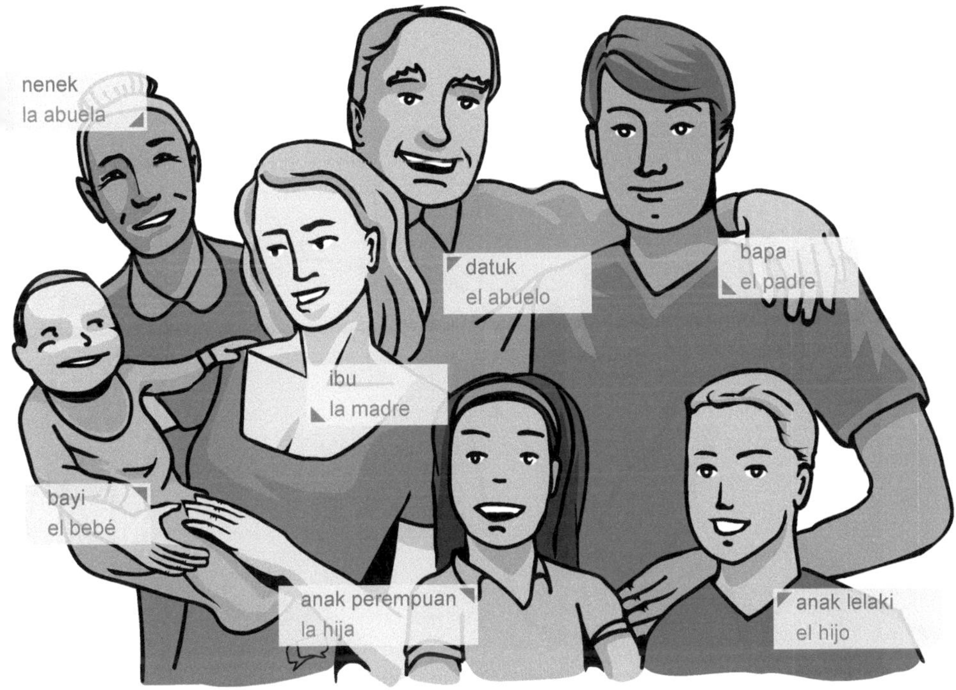
nenek
la abuela
datuk
el abuelo
bapa
el padre
ibu
la madre
bayi
el bebé
anak perempuan
la hija
anak lelaki
el hijo

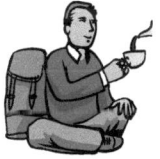

tetamu

el invitado

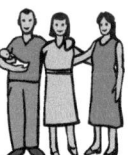

mak cik

la tía

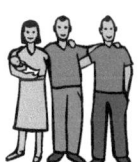

pak cik

el tío

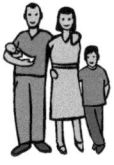

abang

el hermano

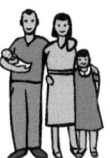

kakak

la hermana

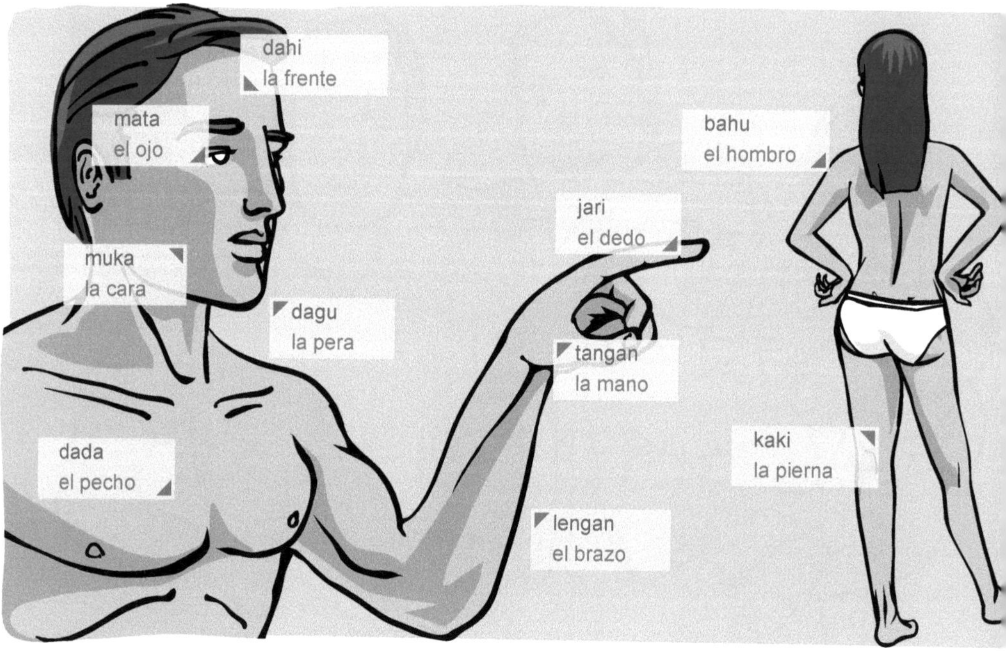

el cuerpo

dahi
la frente

mata
el ojo

bahu
el hombro

jari
el dedo

muka
la cara

dagu
la pera

tangan
la mano

dada
el pecho

kaki
la pierna

lengan
el brazo

bayi

el bebé

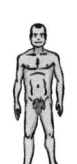

lelaki

el hombre

wanita

la mujer

perempuan

la nena

lelaki

el nene

kepala

la cabeza

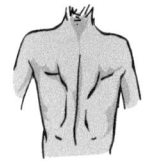

belakang

la espalda

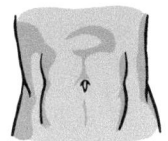

bawah perut

la panza

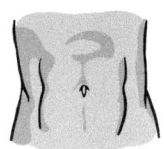

pusat

el ombligo

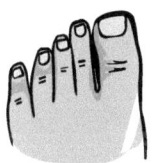

jari kaki

el dedo del pie

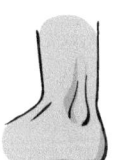

tumit

el talón

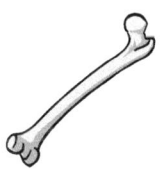

tulang

el hueso

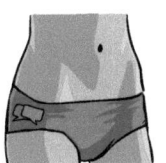

pinggul

la cadera

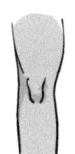

lutut

la rodilla

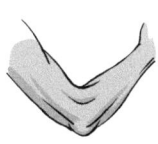

siku

el codo

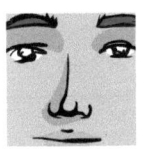

hidung

la nariz

bawah

la cola

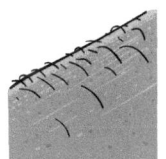

kulit

la piel

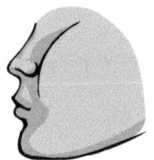

pipi

el cachete

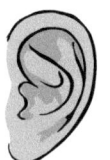

telinga

la oreja

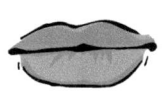

bibir

el labio

mulut

la boca

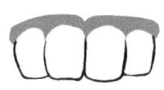

gigi

el diente

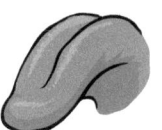

lidah

la lengua

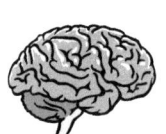

otak

el cerebro

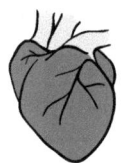

hati

el corazón

otot

el músculo

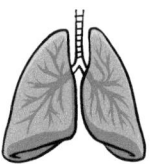

paru-paru

el pulmón

hati

el hígado

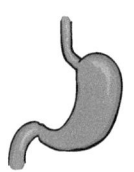

perut

el estómago

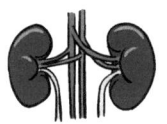

buah pinggang

los riñones

seks

el sexo

kondom

el preservativo

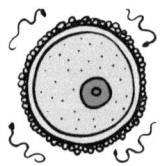

faraj

el óvulo

mani

el semen

mengandung

el embarazo

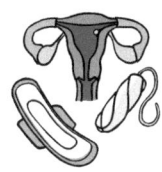

haid
la menstruación

faraj
la vagina

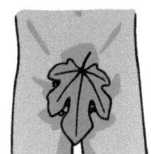

penis
el pene

kening
la ceja

rambut
el pelo

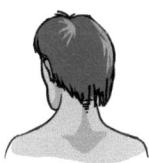

leher
el cuello

hospital

el hospital

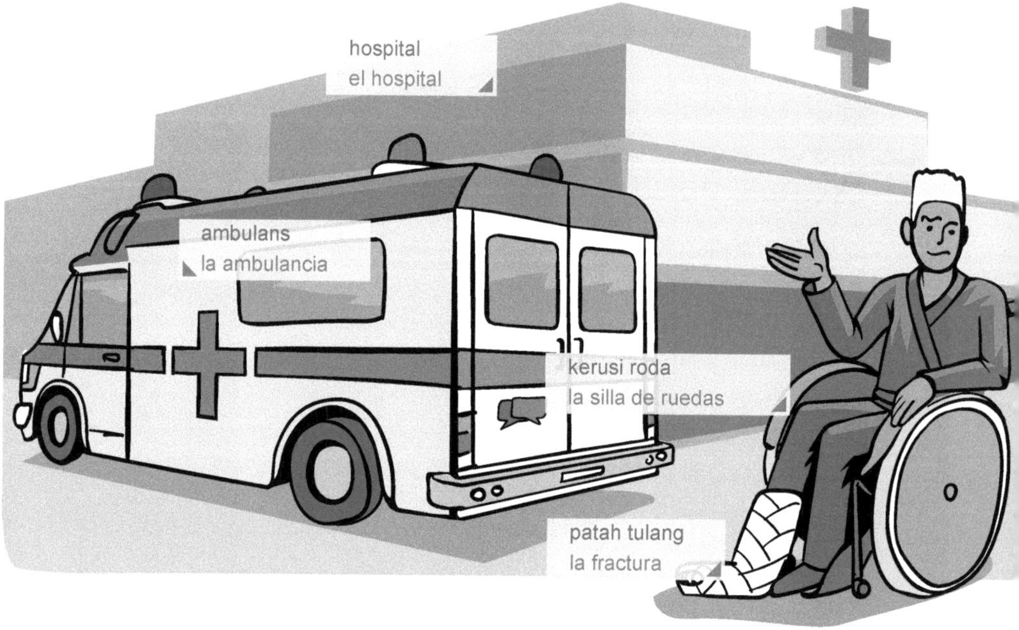

hospital
el hospital
ambulans
la ambulancia
kerusi roda
la silla de ruedas
patah tulang
la fractura

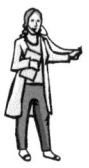

doktor

el médico

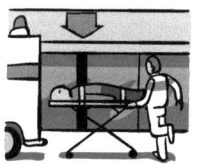

bilik kecemasan

la sala de guardia

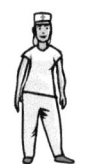

jururawat

la enfermera

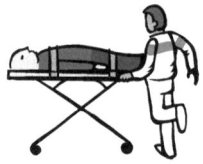

kecemasan

la emergencia

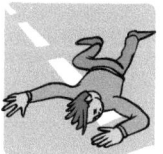

tak sedar

inconsciente

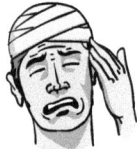

sakit

el dolor

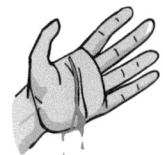

kecederaan

la lesión

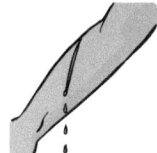

pendarahan

la hemorragia

serangan jantung

el infarto

strok

el ACV

alergi

la alergia

batuk

la tos

demam

la fiebre

selesema

la gripe

cirit-birit

la diarrea

sakit kepala

el dolor de cabeza

kanser

el cáncer

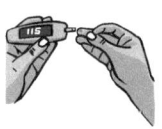

diabetes

la diabetes

pakar bedah

el cirujano

pisau bedah

el bisturí

pembedahan

la operación

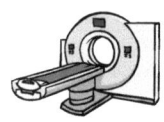

CT

la TC

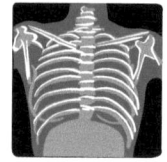

x-ray

los rayos x

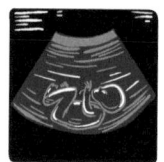

ultrabunyi

la ecografía

topeng muka

el barbijo

penyakit

la enfermedad

bilik menunggu

la sala de espera

penongkat

la muleta

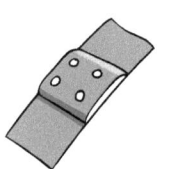

plaster

la curita

pembalut

la venda

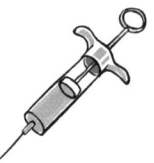

suntikan

la inyección

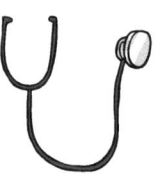

stetoskop

el estetoscopio

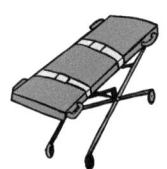

pengusung

la camilla

termometer klinik

el termómetro

kelahiran

el nacimiento

berat badan berlebihan

el sobrepeso

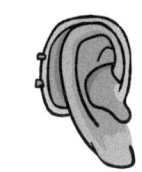

alat pendengaran
el audífono

disinfektan
el desinfectante

jangkitan
la infección

virus
el virus

HIV / AIDS
el VIH / SIDA

perubatan
el remedio

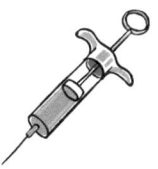

vaksinasi
la vacunación

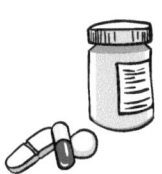

tablet
los comprimidos

pil
la pastilla anticonceptiva

panggilan kecemasan
llamada de emergencia

pantau tekanan darah
el tensiómetro

sakit / sihat
enfermo / sano

Tolong!

¡Ayuda!

penggera

la alarma

serang

la agresión

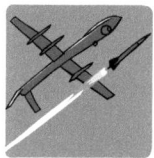

serangan

el ataque

bahaya

el peligro

pintu kecemasan

la salida de emergencia

Api!

¡Fuego!

alat pemadam api

el matafuego

kemalangan

el accidente

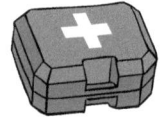

alat pertolongan cemas

el botiquín de primeros
auxilios

SOS

el SOS

polis

la policía

Eropah

Europa

Amerika Utara

América del Norte

Amerika Selatan

América del Sur

Afrika

África

Asia

Asia

Australia

Australia

Atlantic

el Atlántico

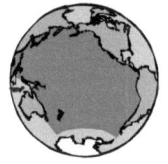

Pasifik

el Pacífico

Lautan Hindi

el Océano Índico

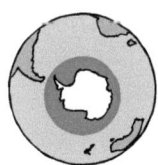

Lautan Antartik

el Océano Antártico

Lautan Artik

el Océano Ártico

Kutub utara

el polo norte

Kutub Selatan

el polo sur

Antartika

la Antártida

bumi

la Tierra

tanah

la tierra

laut

el mar

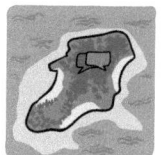

pulau

la isla

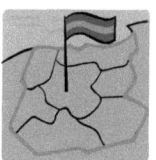

negara

la nación

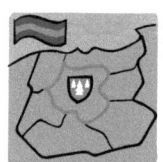

negeri

el estado

muka jam

la esfera

tangan jam

la manecilla de las horas

tangan minit

el minutero

terpakai

el segundero

Jam berapa sekarang

¿Qué hora es?

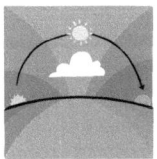

hari

el día

masa

la hora

sekarang

ahora

jam digital

el reloj digital

minit

el minuto

jam

la hora

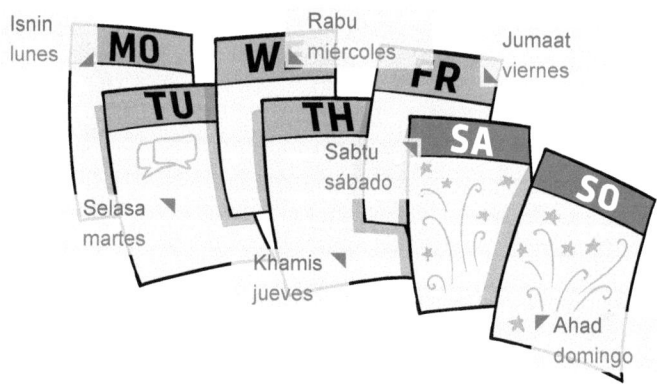

Isnin / lunes — MO
Selasa / martes — TU
Rabu / miércoles — W
Khamis / jueves — TH
Jumaat / viernes — FR
Sabtu / sábado — SA
Ahad / domingo — SO

semalam
ayer

hari ini
hoy

esok
mañana

pagi
la mañana

tengah hari
el mediodía

petang
la tarde

MO	TU	WE	TH	FR	SA	SU
1	2	3	4	5	6	7
8	9	10	11	12	13	14
15	16	17	18	19	20	21
22	23	24	25	26	27	28
29	30	31	1	2	3	4

hari kerja
los días hábiles

MO	TU	WE	TH	FR	SA	SU
1	2	3	4	5	6	7
8	9	10	11	12	13	14
15	16	17	18	19	20	21
22	23	24	25	26	27	28
29	30	31	1	2	3	4

hari minggu
el fin de semana

tahun
el año

hujan
la lluvia
pelangi
el arco iris
salji
la nieve
angin
el viento
musim bunga
la primavera
musim luruh
el otoño
musim panas
el verano
musim salji
el invierno

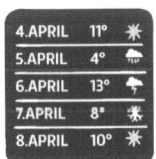

4.APRIL 11°
5.APRIL 4°
6.APRIL 13°
7.APRIL 8°
8.APRIL 10°

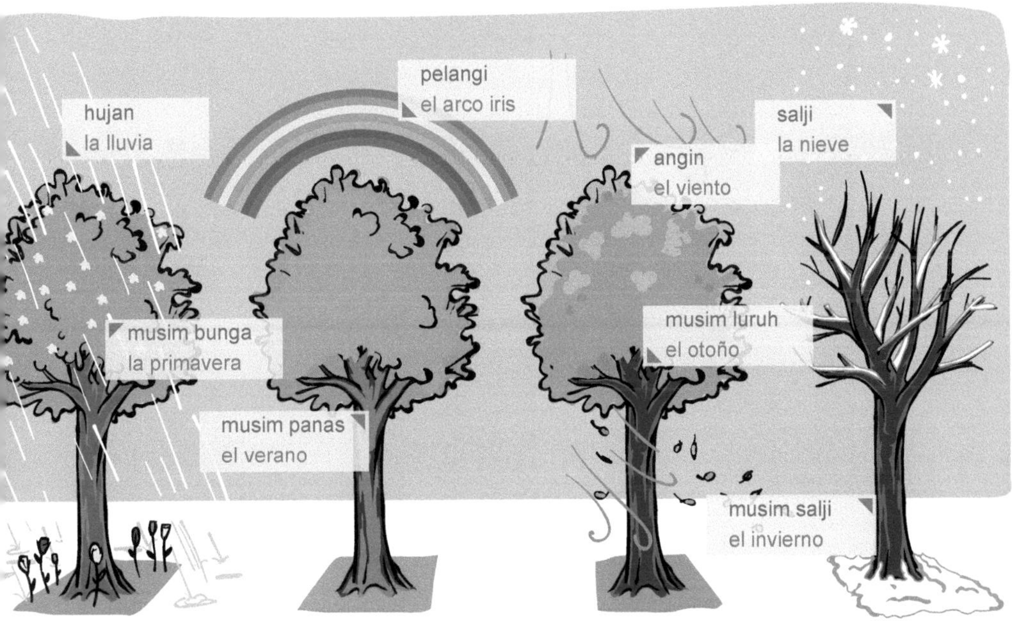

ramalan cuaca

pronóstico meteorológico

F C
120 90 60 30 0 -30
40 30 20 10 0 -10 -20

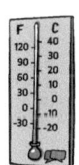

termometer

el termómetro

sinar matahari

la luz del sol

awan

la nube

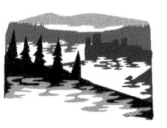

kabus

la niebla

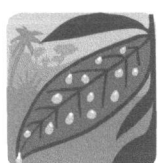

lembapan

la humedad

kilat
el rayo

petir
el trueno

ribut
la tormenta

hujan batu
el granizo

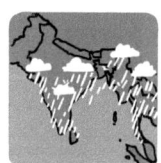

monsun
el monzón

banjir
la inundación

ais
el hielo

Januari
enero

Februari
febrero

Mac
marzo

April
abril

Mei
mayo

Jun
junio

Julai
julio

Ogos
agosto

September
....
septiembre

Oktober
....
octubre

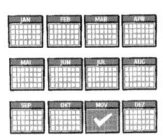

November
....
noviembre

Disember
....
diciembre

bulatan
....
el círculo

petak
....
el cuadrado

segi empat tepat
....
el rectángulo

segitiga
....
el triángulo

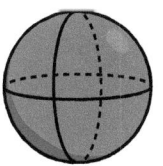

sfera
....
la esfera

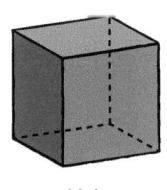

kiub
....
el cubo

warna
colores

putih

blanco

kuning

amarillo

oren

naranja

merah jambu

rosa

merah

rojo

ungu

violeta

biru

azul

hijau

verde

coklat

marrón

kelabu

gris

hitam

negro

warna - colores

banyak / sedikit

mucho / poco

marah / tenang

enojado / tranquilo

cantik / hodoh

lindo / feo

bermula / tamat

el principio / el fin

besar kecil

grande / chico

terang / gelap

claro / oscuro

abang / kakak

el hermano / la hermana

bersih / kotor

limpio / sucio

lengkap / tidak lengkap

completo / incompleto

hari / malam

el día / la noche

mati / hidup

muerto / vivo

luas / sempit

ancho / angosto

boleh dimakan / tidak boleh dimakan

comestible / no comestible

jahat / baik

malo / amable

teruja / bosan

entusiasmado / aburrido

gemuk / kurus

gordo / flaco

pertama / terakhir

primero / último

kawan / musuh

el amigo / el enemigo

penuh / kosong

lleno / vacío

keras / lembut

duro / blando

berat / ringan

pesado / liviano

lapar / dahaga

el hambre / la sed

sakit / sihat

enfermo / sano

menyalahi undang-undang / undang-undang

ilegal / legal

pintar / bodoh

inteligente / estúpido

kiri / kanan

izquierda / derecha

dekat / jauh

cerca / lejos

baru / lama

nuevo / usado

tiada / sesuatu

nada / algo

tua / muda

viejo / joven

hidup / mati

encendido / apagado

terbuka / tertutup

abierto / cerrado

diam / bising

silencioso / ruidoso

kaya / miskin

rico / pobre

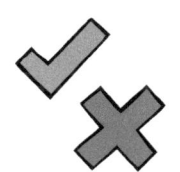

betul / salah

correcto / incorrecto

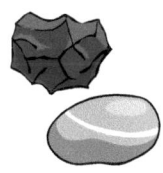

kasar / halus

áspero / suave

sedih / gembira

triste / contento

pendek / panjang

corto / largo

lambat / laju

lento / rápido

basah / kering

mojado / seco

panas / sejuk

caliente / frío

berperang / berdamai

guerra / paz

los números

0

sifar
cero

1

satu
uno

2

dua
dos

3

tiga
tres

4

empat
cuatro

5

lima
cinco

6

enam
seis

7

tujuh
siete

8

lapan
ocho

9

sembilan
nueve

10

sepuluh
diez

11

sebelas
once

12

dua belas
....
doce

13

tiga belas
....
trece

14

empat belas
....
catorce

15

lima belas
....
quince

16

enam belas
....
dieciséis

17

tujuh belas
....
diecisiete

18

lapan belas
....
dieciocho

19

Sembilan belas
....
diecinueve

20

dua puluh
....
veinte

100

ratus
....
cien

1.000

ribu
....
mil

1.000.000

juta
....
el millón

Bahasa Inggeris

el inglés

Bahasa Inggeris Amerika

el inglés americano

Bahasa Cina Mandarin

el chino mandarín

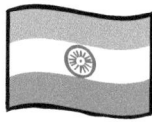

Bahasa Hindi

el hindi

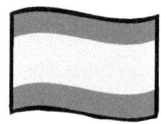

Bahasa Sepanyol

el español

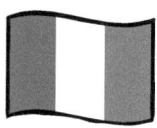

Bahasa Perancis

el francés

Bahasa Arab

el árabe

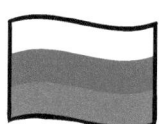

Bahasa Rusia

el ruso

Bahasa Portugis

el portugués

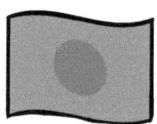

Bahasa Benggali

el bengalí

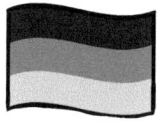

Bahasa Jerman

el alemán

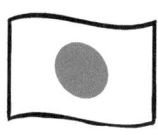

Bahasa Jepun

el japonés

saya

yo

anda

vos

dia / dia / ia

él / ella

kita

nosotros

anda

ustedes

mereka

ellos

siapa?

¿quién?

apa?

¿qué?

bagaimana?

¿cómo?

di mana?

¿dónde?

bila?

¿cuándo?

nama

el nombre

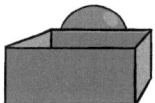

belakang
....
detrás

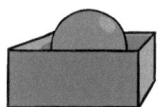

dalam
....
en

di hadapan
....
adelante de

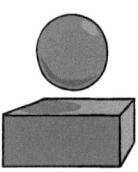

lebih
....
por encima de

pada
....
sobre

di bawah
....
debajo de

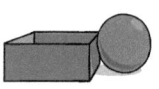

bersebelahan
....
al lado de

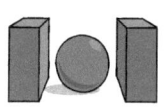

antara
....
entre

tempat
....
el lugar